HOTEL DROUOT, SALLE N° 8

OBJETS D'ART

ET

D'AMEUBLEMENT

TABLEAUX ANCIENS

PAR SUITE

Du décès de Mme NELSON-COTTREAU

EXPOSITION PUBLIQUE

Le Dimanche 16 Janvier 1881

COMMISSAIRE-PRISEUR :

Me CHARLES PILLET, 10, rue de la Grange-Batelière.

EXPERTS :

Mr CHARLES MANNHEIM
7, rue Saint-Georges.

M. FÉRAL
54, rue du Faubourg-Montmartre.

CATALOGUE

DES

OBJETS D'AMEUBLEMENT

Des Époques Louis XV et Louis XVI

Pendules, Appliques, Flambleaux, etc., en bronze doré;
Orfèvrerie; Porcelaines: Faïences;
Meubles en marqueterie et en acajou;
Glaces avec cadres en bois sculpté et doré,

TABLEAUX ANCIENS

PAR OU D'APRÈS

DE BLÈS, BOURGUIGNON, DE TROY, DROUAIS, HOLBEIN, GASPARD
NESTCHER, VAN OSTADE, PATER, PAUL POTTER, ETC.

DONT LA VENTE AURA LIEU

Par suite du décès de Mᵐᵉ *NELSON-COTTREAU*

HOTEL DROUOT, SALLE Nᵒ 8,

Le Lundi 17 Janvier 1881

A DEUX HEURES.

Par le ministère de Mᵉ **CHARLES PILLET**, Commissaire-Priseur,
10, rue de la Grange-Batelière,

Assisté de **M. CHARLES MANNHEIM**, Expert, 7, rue Saint-Georges,

Et de **M. FÉRAL**, peintre, 54, rue du Faubourg-Montmartre.

Chez lesquels se trouve le présent Catalogue

EXPOSITION PUBLIQUE : le Dimanche 16 janvier 1881.

De une heure à cinq heures.

CONDITIONS DE LA VENTE

Elle sera faite au comptant.

Les adjudicataires payeront *cinq pour cent* en sus des enchères.

L'exposition mettant le public à même de se rendre compte de l'état des objets, il ne sera admis aucune réclamation une fois l'adjudication prononcée.

Paris. — Typ. PILLET et DUMOULIN, 5, rue des Grands-Augustins.

DÉSIGNATION

TABLEAUX ANCIENS

BLÈS (HENRY DE MET), dit CIVETTA

1 — Triptyque.

> Au centre, l'adoration des Mages; sur le volet de gaucge, saint Jean tenant l'Agneau; sur le volet de droite, saint François portant l'Enfant Jésus.

BOURGUIGNON (COURTOIS, dit LE)

2 — Bataille.

CALLOT (attribué à JACQUES)

(DEUX PENDANTS)

3 — Bohémiens en voyage.

CHARPENTIER

4 — Soldat faisant ses adieux à deux jeunes paysannes.

DE TROY (JEAN-FRANÇOIS)

5 — Portrait de Philippe V, roi d'Espagne.

Peinture sur cuivre.

DE TROY (JEAN-FRANÇOIS)

(PENDANT DU PRÉCÉDENT)

6 — Portrait d'Elisabeth de Parme, reine d'Espagne, ayant auprès d'elle son enfant.

Fine et gracieuse peinture sur cuivre.

DROUAIS (attribué à HUBERT)

7 — Jeune garçon pinçant de la guitare.

GRIFFIER

(DEUX PENDANTS)

8 — Paysages avec personnages. — Vues prises au bord du Rhin.

HOLBEIN (attribué à HANS)

9 — Portrait d'homme.

Il est vêtu de noir, avec col de chemise finement brodé et coiffé d'une toque.
Fond rouge.

LACROIX

10 — Port de mer.

> Des pêcheurs tendent leurs filets ; sur la droite, un phare en ruine relié au quai par un pont de pierre.

LACROIX

(PENDANT DU PRÉCÉDENT)

11 — Naufrage.

> Des pêcheurs tirent vers le rivage un bateau de pêche que la tempête a jeté sur les récifs.

NETSCHER (GASPARD)

12 — Enfants dans un parc.

> Deux petites filles, l'une debout, vêtue d'une robe en satin blanc, cueille un œillet ; la denxième, assise et vêtue d'une robe de satin rouge, caresse un petit épagneul pendant que sa compagne pose les fleurs sur ses genoux ; à droite, des bas-reliefs; dans le fond, une statue.
>
> Très beau tableau de la plus remarquable finesse.

OSTADE (attribué à ADRIEN VAN)

13 — Le Buveur.

> Coiffé d'un chapeau mou, assis sur une chaise de bois, il regarde au fond d'un cruchon dont il a vidé le contenu.

PATER (d'après)

14 — Le Repos dans le parc et le Concert.

PORBUS (genre de)

(DEUX PENDANTS)

15 — Portrait de jeune fille richement vêtue et portrait de jeune garçon.

POTTER (attribué à PAUL)

16 — Paysage hollandais.

> Au premier plan, un chemin et au centre une paysanne conduisant un chariot chargé de légumes; quelques villageois se dirigent vers la droite. A gauche, une vache auprès d'un arbre ; vers le fond, quelques habitations entourées d'arbres au milieu de prairies éclairées par le soleil. Ciel nuageux.
>
> Bon et intéressant tableau. Il porte la signature de P. Potter et la date 1645.

TENIERS (genre de D.)

17 — Villageois causant auprès d'un puits, où une jeune femme puise de l'eau.

VINCENT (1859)

18 — Paysage et animaux.

ECOLE FRANÇAISE

19 — Portrait de La Fontaine.

Toile ovale.

ECOLE FRANÇAISE

20 — Portrait de Poisson, acteur comique, mort en 1690.

Cuivre ovale.

ECOLE ITALIENNE

(QUATRE] PENDANTS)

21 — Sujets religieux.

22 — Sous ce numéro seront vendus quelques tableaux non catalogués.

OBJETS D'ART ET D'AMEUBLEMENT

ORFÈVRERIE

23 — Sucrier Louis XVI en argent estampé de forme ovale, orné de figurines de génies et de festons de fleurs, avec intérieur en verre bleu.

24 — Quatre salières ovales en argent ciselé à festons de lauriers avec intérieurs en verre bleu. Époque Louis XVI.

25 — Moutardier Louis XVI en argent estampé à ornements, avec intérieur en verre bleu.

26 — Deux bouts de table de style Louis XVI en argent estampé à figurines d'amours et festons de fleurs et surmontés de manches en forme d'obélisques découpés à jour.

27 — Porte-huilier ovale avec poignée en forme de balustre en argent et à deux anses. Le bord supérieur est à godrons.

28 — Porte-huilier de style Louis XVI en cuivre argenté.

29-35 — Lot d'orfèvrerie de table telle que : Couverts, porte-huilier, plat, couteaux, salières, gobelets, etc. Ce lot sera divisé.

PORCELAINES DIVERSES

36 — Deux coupes rondes en porcelaine tendre fond bleu turquoise, à médaillons d'oiseaux et montées à quatre pieds et à anses en bronze ciselé et doré.

37 — Grand vase en forme de balustre à deux anses et à couvercle, en ancienne porcelaine d'Allemagne décoré de fleurs en couleurs et enrichi de festons de lauriers dorés en ronde-bosse.

38 — Deux cache-pots de forme sphérique en ancienne porcelaine de Chine, décorés de fleurs et d'oiseaux en émaux de la famille rose. Ils sont garnis de montures du style Louis XIV en bronze.

39 — Deux cornets en ancienne porcelaine du Japon, décor polychrome à paysages et figures de cavaliers.

40 — Cornet à pans en vieux Japon à décor en bleu, rouge et or.

41 — Cache-pot de forme sphérique en vieux Japon, à décor bleu à attributs.

42 — Deux petites potiches en ancienne porcelaine du Japon à décor en bleu rouge et or, sur socles rocaille en bronze.

43 — Deux vases ovoïdes décorés à l'imitation des porcelaines de Chine.

44 — Deux lampes montées dans des bouteilles en ancienne porcelaine de Chine à décor bleu.

FAÏENCES

45 — Deux grands médaillons ronds en faïence à bustes en relief exécutés à l'imitation des faïences de Lucca della Robbia. Les bustes émaillés blanc se détachent sur un fond bleu et sont encadrés de couronnes de fruits émaillés en couleurs. Cadres en bois noir et or.

46 — Deux vases à culots godronnés en faïence moderne de style italien.

47 — Deux vases en ancienne faïence de Delft à décor bleu.

48 — Plaque en ancienne faïence de Delft simulant une cage avec draperie, décor polychrome.

BRONZES

49 — Joli vase de forme ovale à deux anses en bronze doré orné de festons de lauriers, avec couvercle découpé à jour et base carrée cannelée. Des mascarons et des mufles de lion ont été rapportés sur la panse. Époque Louis XVI.

50-51 — Quatre jolis bras Louis XVI à trois branches porte-lumières en bronze ciselé et doré et appliques en

forme de vases allongés d'où s'échappent des branches
de fleurs.

52 — Deux bras du temps de la Régence à deux lumières
en bronze doré et appliques ornées de têtes d'enfants
souffleurs.

53 — Jolie pendule Louis XV en bronze ciselé et doré,
formée d'un lion debout supportant la cage qui contient
le mouvement. Cette dernière est surmontée d'un vase
orné de festons de lauriers, et le socle en bois noir est
garni de branches de chêne et de rosaces rapportées
en bronze doré. La plaque sur laquelle repose le lion est
couverte de fleurs de lys frappées.

54 — Deux candélabres Louis XVI, formés chacun d'une
figure d'amour en bronze tenant de chaque main un
flambeau en bronze doré et posée sur un socle en marbre griotte garni en bronze doré.

55 — Jolie pendule de la fin du règne Louis XV en bronze
ciselé et doré, à deux figures d'enfants représentant
l'astronomie. La cage ornée de festons de lauriers est
surmontée d'un vase et le socle en bois noir est garni
de rosaces en bronze ciselé.

56 — Deux flambeaux Louis XVI en bronze doré, modèle
à colonnes cannelées, ornées de têtes de béliers, de
festons de lauriers et surmontées de vases porte-lumière.

57 — Deux grandes lampes montées dans des coupes en bronze vert, montées à trépied, à têtes de béliers en bronze ciselé et doré, du temps de Louis XVI.

58 — Deux flambeaux Louis XVI en bronze ciselé et doré, à tiges cannelées, ornées de modillons ciselés.

59 — Deux bras appliques en bronze doré à deux branches porte-lumières et festons de lauriers. Époque Louis XVI.

60 — Petit lustre Louis XVI en bronze, à huit branches porte-lumières et surmonté d'un vase.

61 — Deux petits chenets à vases et galeries du temps de Louis XVI.

62 — Deux grands candélabres de style Louis XVI en bronze ciselé et doré à cinq lumières chacun, ornés de figures en bronze doré connues sous le nom du *garde à vous*. Ces figures reposent sur des socles en bronze bleu ornés de bas-reliefs représentant des jeux d'amours.

63 — Deux chenets de style Louis XVI en bronze doré, modèle à vases à deux anses et galeries ornées de têtes d'enfants souffleurs.

64 — Lustre de style Louis XIV à huit branches porte-lumière ornées de têtes de satyres.

65 — Deux flambeaux de la fin du règne de Louis XVI en bronze ciselé et doré, modèle à balustre avec chapiteau et base ornée de palmettes.

66 — Lampe vénitienne en cuivre jaune gravé et découpé
à jour, suspendue par trois chaînes. xvi⁰ siècle.

67 — Pendule Louis XV, modèle à consoles en bronze
ciselé et doré, les côtés ornés de mufles de lion tenant
des draperies formant anneaux. Elle est surmontée
d'un vase à deux anses et le socle en bois noir est
orné de rosaces rapportées en bronze ciselé.

68 — Deux bustes d'enfants en bronze, grandeur presque
nature, de style Louis XVI, sur socles en marbre
griotte garnis en bronze doré.

MEUBLES

69 — Meuble d'entre-deux à hauteur d'appui en marqueterie de cuivre sur ébène, garni de quelques ornements de bronze et fermant à deux portes. Époque
Louis XIV.

70 — Meuble d'entre-deux à hauteur d'appui fermant à
une porte en marqueterie de cuivre et écaille du temps
de Louis XIV et garni de quelques ornements de
bronze.

71 — Régulateur Louis XV avec cage en bois de rose et
satiné, garni de quelques ornements de bronze ciselé
et doré et surmonté d'un vase.

72 — Deux grands meubles fermant à deux portes de
style Louis XVI en bois d'acajou, garnis de quelques
ornements de bronze.

73 — Petit meuble de même travail à deux corps, le bas fermant à porte pleine et le haut vitré.

74 — Petit bureau plat du temps de Louis XVI en bois d'acajou, garni d'une galerie découpée et de quelques ornements en bronze doré.

75 — Deux consoles à quatre pieds cannelés avec double tablette d'entrejambes en bois d'acajou, garnies de bronze doré et à dessus de marbre blanc. Époque Louis XVI.

76 — Console analogue à celles qui précèdent, mais à une seule tablette d'entre-jambes.

77 — Autre petite console de même travail.

78 — Deux petits meubles Louis XVI fermant à deux portes en bois d'acajou, garnis de médaillons en bronze et à tablette de marbre brèche.

79 — Bonheur du jour formé d'un petit bureau à cylindre en acajou, surmonté d'un casier fermé par deux portes en glaces, avec tablette de marbre blanc. Époque Louis XVI.

80 — Petite table Louis XV en marqueterie de bois de rose à rosaces, garnie de quelques ornements de bronze.

81 — Glace de style Louis XIII à biseaux avec encadrement et fronton en glace, couverts en partie d'ornements en cuivre estampé et doré.

82 — Glace de même style avec monture en bois noir et cuivre estampé.

83 — Glace carrée biseautée avec cadre en marqueterie de
bois à fleurs et ornements.

84 — Deux fûts de colonnes cannelées en bois d'acajou,
garnis de modillons en bronze ciselé. Style Louis **XVI**.

85 — Fût de même style en bois noir.

MEUBLES-SIÈGES

86 — Petit canapé et quatre chaises Louis **XV** en bois
sculpté, peint en noir et or, couverts de tapisserie à
fond bleu et médaillons à sujets champêtres encadrés
de fleurs.

87 — Sept fauteuils Louis **XVI** en deux dimensions, en
bois sculpté peint en noir et or, couverts de tapisserie
semblable à celle des sièges qui précèdent.

88 — Douze chaises de style Louis **XVI**, en bois peint en
noir et rosaces sculptées et doré, forncées en canne.
Des coussins en velours et tapisserie ont été rapportés sur les sièges.

TAPIS

89 — Tapis d'Orient à fond brun et dessins de couleurs.

BOIS DORÉ

90 — Grande glace carrée à biseaux dans un cadre en bois sculpté et doré à tore de feuillages et ornements. Elle est surmontée d'un fronton représentant le char de l'Amour et des ornements. Époque Louis **XIV**.

91 — Glace à fronton avec encadrement de glace et monture en bois sculpté et doré, à pilastres et fronton orné de rinceaux et de mascarons. Époque Louis **XIV**.

92 — Glace à biseaux avec cadre en bois sculpté et doré à ornements, et à fronton composé d'une corbeille de fleurs et de rinceaux. Époque Louis **XIV**.

93 — Deux petites glaces de forme contournée avec cadres en bois sculpté et doré à ornements rocaille. Époque Louis **XV**.

94 — Deux petites glaces en hauteur à biseaux et de forme contournée avec cadres en bois sculpté et doré à ornements rocaille, fleurs et dragons. xviiie siècle.

95 — Baromètre-thermomètre en bois sculpté, bleui et doré. Époque Louis **XVI**.

www.ingramcontent.com/pod-product-compliance
Lightning Source LLC
LaVergne TN
LVHW020852200726
843508LV00003B/1170